AF316254

I 27
n
25198

CHASSAIGNES

22 *juin* 1869

A LA MÉMOIRE

DE M. JULES-ALEXANDRE-PIERRE-JOSEPH

BARON DE CROZE.

LYON

IMPRIMERIE LOUIS PERRIN, RUE D'AMBOISE, 6

—

1869

DISCOURS

Prononcé dans l'église de Chassaignes, le 24 juin 1869

Par M. l'Abbé ARNAL

Aumônier du couvent de la Visitation, à Brioude.

Messieurs, mes Frères,

Permettez qu'en présence de ce cercueil et devant ces autels mêmes, je dise quelques mots à la mémoire du noble défunt dont nous allons confier, dans un instant, la dépouille mortelle à la terre.

C'est comme prêtre, autant que comme ami, que je désire payer, à cette heure dernière, ce faible tribut d'estime et d'affection pour l'amitié si constante dont il a bien voulu m'honorer pendant de si longues années.

Sans doute, les larmes et les prières sont le plus digne hommage de l'amitié sur le cercueil d'un chrétien ; néanmoins, je me sens assuré que je réponds à votre désir et à votre attente en vous entretenant de celui que nous regrettons tous.

6

Sa vie est assez pleine devant Dieu pour que nous puissions en parler tout haut maintenant, et dire ce que son humilité n'aurait pu supporter.

Votre concours ici, Messieurs, en si grand nombre, cette foule qui se presse si recueillie et si respectueuse autour de ce cercueil, indiquent assez que notre pays voit disparaître un de ses hommes les plus distingués et les plus considérés, qu'une famille des plus honorables a perdu son chef vénéré, celui qu'elle entourait de son affection la plus tendre et de son respect le plus profond.

S'il pouvait paraître surprenant qu'un ministre des autels dérogeât, en cette circonstance, à l'usage reçu, nous pourrions répondre que, dans la journée d'hier, nous en avons reçu de Monseigneur, par dépêche télégraphique, la bienveillante autorisation dans des termes qui, par leur courte et noble énergie, forment le plus bel éloge qu'on puisse faire de ce cher défunt. Je vous dois, à tous, de vous les faire connaître : « *Nous permettons en faveur du pieux et vaillant* « *chrétien.* »

Que vous dirai-je après cela, Messieurs, de M. le baron de Croze ; je ne vous ferai pas sa biographie, je n'apprendrais rien à aucun de vous ; je ne vous parlerai pas non plus de sa carrière politique ; des voix plus autorisées et qui savent mieux dire le feront certainement. J'essaierai seulement de rendre hommage à ses vertus, d'esquisser quelques traits de sa vie privée, c'est-à-dire de sa vie chrétienne.

Imbu, dès sa jeunesse, de profonds sentiments religieux, M. le baron de Croze sut les conserver toujours intacts dans son âme; et, loin de les ébranler, les agitations et les bouleversements qui se produisirent autour de lui ne firent que les y fortifier. Entré dans la vie civile sous les plus heureux auspices, il était parvenu, par la précoce maturité de son esprit et sa rare aptitude pour les affaires administratives, à de hautes fonctions; un plus bel avenir s'ouvrait encore devant lui lorsque tout à coup éclata cette révolution de 1830 qui emporta dans l'exil celui qu'il servait avec tant de fidélité et de dévouement. Lui alors, Messieurs, s'exila aussi de la vie politique et vint habiter cette terre de Chassaignes qui sera désormais son séjour habituel, où sa présence fera le charme de tous ceux qui viendront l'y visiter; et vous savez quels hommes honorables et distingués vinrent rechercher sa société et jouir de sa cordiale hospitalité.

Vous vous souviendrez toujours de l'accueil si gracieux qu'il vous faisait, de cette urbanité exquise qui le distinguait, de ses conversations si vives, si animées, où l'élévation des pensées et l'élégance du langage se mêlaient aux saillies de l'esprit et aux réflexions les plus sages comme aux convictions les plus profondes ; vous n'oublierez jamais qu'il ne connaissait pas cet art, aujourd'hui si commun, de mettre sa conduite en opposition avec ses principes : il en tirait toujours les conséquences et s'y soumettait sans hésitation et courageusement. Non, ses opinions, ses croyances, ses sentiments n'ont jamais varié ; il y est resté immuable jusqu'à sa mort. Pourrait-on l'en blâmer, alors surtout qu'on voit aujourd'hui tant de caractères s'affaisser, les vrais principes méconnus, et que l'on ne semble plus, si généralement, compter qu'avec ses propres intérêts ? Oh ! non ! nous admirerons plutôt cette constance, nous respecterons surtout la conscience de celui qui a su y rester fidèle.

C'est donc, Messieurs, dans ce séjour de Chassaignes que M. de Croze a renfermé l'activité de sa vie, dans cette terre patrimoniale embellie par ses soins ; c'est là qu'il voit s'agrandir sa famille par les alliances les plus honorables. « Il n'y « a pas de bonheur plus grand, disait-il souvent, « que celui qui nous vient du sein de la famille ; » et personne n'était fait plus que lui pour en goûter et en procurer le charme. Il avait été le meilleur des fils et des frères, il fut le meilleur des époux, le plus vigilant et le plus tendre des pères. Il me semble encore entendre ces paroles qu'il me répétait avec tant d'effusion de cœur, en parlant

de ses enfants, il y a, en ce jour même, un mois
à peine :

« J'en remercie le ciel, me disait-il, mais je puis
« dire qu'aucun de mes enfants ne m'a jamais
« donné le moindre sujet d'inquiétude. »

Et ne pourrions-nous pas ajouter en ce moment
même qué, non-seulement ils n'ont jamais donné
que de la satisfaction à leur vénéré père, mais
encore qu'ils nous édifient en nous donnant l'exemple des plus généreux dévouements et des sacrifices
les plus pénibles à la nature.

Mais comment parler de sa vie de famille sans
dire la dure épreuve que lui réservait le ciel en
le séparant de celle qui partageait avec tant de
charme son existence, et dont je ne pourrais
rappeler les vertus, la droiture du cœur, la sûreté
de jugement, la résignation la plus profonde au
milieu des plus cruelles souffrances, sans augmenter,
dans des cœurs où son souvenir est impérissable,
la douleur que la perte de ce jour ravive encore.

En chrétien plein de foi, M. de Croze supporta
ce coup avec toute la force que la résignation
chrétienne ajoute au courage ; mais, dès ce moment, il prit de plus en plus en dégoût les vanités
et les ambitions de ce monde. L'inconstance des
hommes, les vicissitudes des choses de la terre, non
moins que les soi-disant principes nouveaux qui
s'affirment si audacieusement, rattachèrent plus

étroitement son esprit si droit et son cœur si chrétien aux principes qui, étant éternellement vrais,
ne changent point, et permirent à son caractère
ardent et résolu d'y appliquer toute l'énergie de son
âme.

C'est ainsi qu'il fut invinciblement conduit à
embrasser la cause de l'Eglise, car sa foi comme
son esprit juste et élevé lui ont montré, au milieu
de nos perturbations, que dans le chef de l'Eglise
se trouve la clef de voûte de tout l'ordre social
et moral. Dès lors, il s'y attache comme au dernier
rempart contre toutes les révolutions et toutes les
erreurs ; et quand il voit que cet asile sacré de
la justice et du droit est menacé, il ne calcule
plus avec son âge, il ne se laisse arrêter par rien,
il part pour Rome. Il avait quatre-vingt-un ans
passés quand il y retourna pour la quatrième fois.
Quel est son désir en portant au chef de l'Eglise
tout ce qui lui reste de force et de vie ? C'est de
mourir pour sa foi et la cause de l'Eglise. Dieu n'a
voulu que son dévouement.

C'est ici que nous nous trouvons devant le baron
de Croze tout entier, c'est ici le couronnement de
sa vie. Cette démarche a pu surprendre des esprits
moins réfléchis et moins chrétiens que les vôtres,
mais elle ne peut vous étonner vous, Messieurs,
qui connaissiez si bien la véracité de sa foi et la
sincérité de ses convictions ; vous respectez et

vous admirez un tel dévouement, alors surtout que vous voyez ce courageux octogénaire s'arracher aux embrassements de sa famille, de ses enfants qui l'entourent de tant d'affection, et qu'il chérit tant lui-même, mais qui savent, eux, dans leur foi éminente, s'incliner devant une résolution qu'il regarde, lui, comme son premier devoir.

Pie IX, dont le regard est si bon et si pénétrant à la fois, a bientôt connu la droiture de son cœur et la sincérité de son dévouement. Il a su distinguer en lui une foi éclairée et des convictions à toute épreuve ; aussi l'admet-il dans son intimité, aussi lui parle-t-il seul à seul. « A vous, lui disait-il avec « cette bonté touchante et cette douce sérénité qui « lui gagne tous les cœurs, à vous je permets de « tout me dire. » Oh! quand on a ainsi l'estime d'un pontife que toute la terre vénère, on peut bien se passer de toutes les autres distinctions de ce monde.

Un grand et saint pontife a donc compris tout ce que le baron de Croze avait de foi et de sincérité dans son dévouement à l'Eglise ; et le titre de *Camérier secret de cape et d'épée*, que Sa Sainteté Pie IX lui a décerné, demeure, au sein de sa famille, comme une des distinctions les plus précieuses, comme un doux et consolant souvenir; il y demeurera comme une bénédiction sur ses descendants, *generatio rectorum benedicetur*, car c'est là une de ces distinctions dont il reste quelque chose même après la mort.

Tel a été, Messieurs, dans sa vie celui que nous regrettons ; toujours fidèle à lui-même, toujours ferme dans sa foi, M. de Croze s'est montré toujours catholique sans ostentation comme sans dissimulation. Qui de vous ne sait qu'il venait tous les soirs faire, avec les siens, la prière en commun dans cette chapelle ouverte sur le chœur de cette église? Qui ne l'a vu, dans cette paroisse, allant plusieurs fois la semaine recevoir son Dieu au pied de cet autel, offrant souvent ses services au prêtre qui célébrait, avec la simplicité d'un enfant?

Oh ! longtemps encore, les bons habitants de cette paroisse se le représenteront à son banc, si recueilli, si humblement prosterné devant Dieu ; et longtemps encore, ils se souviendront de cette charité inépuisable qui n'avait d'égale que sa discrétion. M. de Croze croyait et pratiquait; il pratiquait parce qu'ici, encore et surtout; il était conséquent avec lui-même ; son esprit et sa droiture de cœur ne lui permettaient pas d'agir autrement.

Plus il avançait en âge, plus sa foi devenait ardente et prenait de l'empire sur lui-même, plus son cœur l'approchait de Dieu.

Le voilà arrivé à ses derniers moments, que rien

ne faisait encore pressentir à ses fils, attentifs à ses moindres mouvements; lui seul vit approcher la mort en lui souriant par l'espoir qu'elle lui donnait de le réunir enfin, près de son Dieu, à celle qu'il pleurait depuis dix ans, à sa mère, à son père, à son frère, à tous ses morts bien-aimés, comme il les appelait toujours quand il en parlait, — et il en parlait souvent; — c'est lui qui demanda à recevoir le saint viatique et l'extrême-onction. Dieu ne l'a pas frappé, il l'a rappelé à lui, comme un serviteur fidèle dont la tâche est accomplie et qui a mérité sa récompense; il n'a pas voulu que ce serviteur passât par l'épreuve de l'agonie; mais quand bien même le juste mourrait d'une mort précipitée, il se trouverait dans le repos : *Justus autem si morte præoccupatus fuerit in refrigerio erit.*

Qui ne voudrait finir comme lui?

Je ne parlerai pas de la douleur dans laquelle cette perte plonge tous ses enfants; ce sont des cœurs chrétiens qui savent où se trouve la force pour supporter de telles épreuves et le lieu de l'espérance. Il leur reste sa vie, ses exemples; son souvenir planera toujours sur eux, ici et ailleurs.

Je termine, Messieurs; mais en ce moment qu'il me soit permis de vous révéler une pensée qui remplissait son cœur, elle vous fera voir les dispositions de son âme et comment il se préparait constamment à ce dernier passage. « Je n'ai plus,

« nous écrivait-il, il y a à peine un an, pour nous
« exprimer son chagrin de ne pas se sentir la force
« de faire un cinquième voyage à Rome, je n'ai
« plus qu'un voyage en perspective, celui dont on
« ne revient pas ; que Dieu daigne faire que ce soit
« pour moi un bon voyage ! Demandez-le-lui, je
« vous en prie et pas autre chose, car tout le reste
« n'est rien ; le rendez-vous au ciel, oh ! que ce
« sera beau ! »

Eh bien ! Messieurs, mes frères, ce voyage dont
on ne revient pas, il l'a fait : il est ou sera bientôt
au rendez-vous céleste, il nous y attend tous ; il
nous laisse de beaux exemples ; puisse une telle
mort faire sentir à tous les bienfaits de la foi,
comme aussi le besoin que nous avons tous de
Dieu !

DISCOURS

PRONONCÉ AU CIMETIÈRE DE CHASSAIGNES

PAR M. JULES BRANCHE

Ancien Notaire, ancien Conseiller général.

Au milieu du deuil général qui nous amène dans le séjour des séparations de la terre, au milieu de tant de compatriotes qui sentent, comme moi, le coup dont notre pays est frappé, et qui sauraient bien mieux exprimer les sentiments qui nous oppressent, je devrais laisser à d'autres le soin de proclamer les causes qui rendent nos regrets si légitimes et si profonds.

Permettez-moi cependant de céder au besoin de mon cœur, en vous parlant des vertus de celui que Dieu nous a repris, de ses bonnes actions, de ses nobles et généreux sentiments, de sa piété si sincère.

Le baron Jules de Croze est né à Brioude, le 22 février 1787, au sein d'une famille justement honorée pour son austère probité, ses qualités

16

héréditaires, sa position sociale et les services rendus au pays.

Il fut nommé auditeur au Conseil d'Etat à l'âge de vingt-un ans ; après avoir été successivement sous-préfet de Gênes et de Corbeil, il fut nommé préfet du département des Basses-Alpes. Restant fidèle par principes et par conviction à la dynastie des Bourbons, il donna sa démission en 1830, ayant également à cœur d'acquitter une dette de reconnaissance envers cette dynastie dont il avait reçu la croix de la Légion d'honneur, et plus tard le titre de baron.

Si nous le considérons sous le rapport religieux, qui de nous, Messieurs, ne sera ému en se rappelant que celui que nous regrettons si justement a traversé les mers à plusieurs reprises, et la dernière fois à quatre-vingt-un ans passés, pour aller porter aux pieds du Saint-Père le tribut de ses hommages et de son dévouement. Ce dévouement fut apprécié, comme il le méritait, de notre vénéré Pie IX, qui lui en donna la preuve en l'attachant à sa personne par le précieux titre de Camérier secret de cape et d'épée.

Ce n'est pas à vous que je parlerai de ses charités, qu'il m'est impossible d'énumérer ; vous les connaissez.

Repose en paix, homme de bien, reçois ici les derniers adieux de l'amitié, de l'estime et de la reconnaissance; et si quelque pensée peut adoucir nos regrets, c'est celle que ta belle âme, rappelée au sein de son Créateur, y goûte déjà la récompense de ses vertus.

Encore quelques jours, Messieurs, et chacun de nous, en descendant dans la tombe, n'emportera que le blâme ou le mérite de ses actions; heureux si notre mémoire peut être l'objet de la vénération de nos contemporains, et devenir, comme celle de M. le baron de Croze, un noble et bel exemple pour la postérité!

Adieu, très-vénérable ami, adieu!

DISCOURS DE M. VOISIN

Maire de la commune de Chassaignes

Au moment où la dépouille mortelle de M. le baron de Croze va être rendue à la terre, j'éprouve le besoin d'exprimer, au nom de tous les habitants de la commune de Chassaignes, les regrets que nous ressentons si vivement ; nous ne pouvons pas oublier que, de tout temps, sa respectable famille a été la bienfaitrice de cette commune ; je saisis cette occasion pour lui en témoigner publiquement notre reconnaissance. A vous, Monsieur le baron, qui, pendant une longue vie, avez donné l'exemple de toutes les vertus, à vous nous adressons nos remerciements, et nous demandons à celui de vos chers enfants qui vous remplacera parmi nous de vouloir bien continuer la tradition de votre dévouement à nos intérêts.

Adieu, vénérable compatriote, reposez en paix, comme nous en avons tous l'intime conviction ; que ce soit un adoucissement à notre chagrin, et comptez toujours sur la gratitude des habitants de la commune de Chassaignes, qui n'oublieront jamais leur bienfaiteur.

LE COMTE DE CHAMBORD

Frohsdorf, le 18 juillet 1869.

Je reçois, mon cher baron, la lettre par laquelle vous et votre frère vous m'annoncez le malheur qui vient de vous frapper, et je veux vous dire ici toute la part que ma femme et moi nous prenons à votre affliction filiale. Vous perdez un père chéri, et moi un de mes meilleurs amis, dont je n'oublierai jamais les nombreux services, la noble conduite et l'inaltérable dévouement. Il est mort comme il a vécu, fidèle à Dieu et au Roi. Je sais que ses fils se font gloire de marcher toujours sur ses traces; je les en félicite et les en remercie. Soyez auprès de votre frère l'interprète de ma douloureuse sympathie, et comptez l'un et l'autre sur ma constante affection.

(Signé) HENRI.

A M. LE BARON GUSTAVE DE CROZE.

LETTRE DE MONSEIGNEUR PACCA

MAJORDOME DE SA SAINTETÉ

A M. CHARLES DE CROZE

Monsieur,

Je n'ai pas manqué de faire auprès de Sa Sainteté la commission dont vous avez bien voulu me charger. J'ai déposé aux pieds du Saint-Père l'offrande de notre vénéré et très-regretté baron. Inutile de vous dire combien Sa Sainteté a été sensible à cette dernière preuve de dévotion au Saint-Siége, et d'attachement à sa personne, de son ancien camérier secret. Elle me charge de vous manifester les sentiments de sa haute sympathie pour l'irréparable perte que vous et votre famille venez de faire.

Je vous prie de vouloir passer à madame la comtesse de Larnage le précieux autographe de son père. Je suis bien heureux d'y pouvoir joindre la supplique signée par les mains de notre Saint-Père le Pape ; ce sera un souvenir bien précieux et un motif de véritable consolation pour toute la famille, sur laquelle s'étend la bénédiction du Souverain Pontife.

Agréez, Monsieur, l'assurance de mon estime la plus distinguée avec laquelle je suis

Votre très-humble et affectionné serviteur.

(Signé) B. PACCA,

Majordome de S S.

Vatican, ce 20 juillet 1869.

LETTRE DE SA SAINTETÉ

AUX ENFANTS DU BARON DE CROZE

Die 9 julii 1869.

Benedicat vos Dominus et ducat vos in semitis suis usque ad finem.

(Signé) † Pius P. IX.

ARTICLES NÉCROLOGIQUES

L'UNION, JOURNAL DE PARIS

Nous apprenons, avec un sentiment profond de chagrin que tous nos amis partagent, la mort d'un des plus fidèles et plus vaillants défenseurs des causes que nous servons. Le baron de Croze est mort presque subitement avant-hier dans son château de Chassaignes, près Paulhaguet, entouré de la plupart de ses enfants et petits-enfants. Son neveu, M. le comte Anatole Lemercier, qui se trouvait là en visite, a assisté à cette fin si édifiante et si consolante, et il pourra transmettre un jour au Saint-Père les dernières paroles et les suprêmes espérances de ce vieux gentilhomme dont le dévouement à l'Eglise et au Pape était tel que, en voyant Lamoricière partir pour offrir sa vie et son épée à Pie IX, ne pouvant, vu son grand âge, se refaire soldat à son tour, il voulut au moins se faire attacher à la personne du Souverain Pontife. Le souvenir de la fin de Rossi l'exaltait toujours, et quand, de jour ou de nuit, il était de service au Vatican, sa grande âme priait pour l'Eglise et pour la France, et il eût fait volontiers le sacrifice de sa vie pour témoigner de l'ardeur de sa foi et montrer que le sang répandu, même en ce siècle, fera encore renaître de nouveaux défenseurs.

A. Rouyé.

LA DÉCENTRALISATION,

JOURNAL DE LYON

Nous avons le regret d'apprendre la mort de notre respectable ami, M. le baron de Croze, ancien préfet, camérier de Sa Sainteté. Nous n'avons pas connu de chrétien plus solide, de Français plus dévoué à son pays, d'homme du monde plus poli. Si âgé qu'il fût, sa mort est pour nous un chagrin imprévu.

Nous n'oublierons jamais le spectacle attendrissant de cet octogénaire partant au cœur de l'hiver pour Rome, lorsqu'il croyait à l'imminence de quelque danger, afin de se trouver au poste d'honneur près d'un autre vieillard, dont les épreuves lui étaient personnelles, comme à tous les vrais catholiques. Avec quelle joie il eût donné les restes de sa vie pour Pie IX, dont la cause était à ses yeux, comme aux nôtres, la cause même de la dignité humaine, la cause de la liberté des sociétés chrétiennes, la cause de tout ce qui est honnête et grand dans le monde. Il est mort avant l'heure incertaine d'un triomphe certain, mais dans l'intégrité de sa foi et la force de ses espérances. Que Dieu accorde à son Eglise beaucoup de serviteurs comme celui-là !

M. le comte Anatole Lemercier, neveu de M. le baron de Croze, nous écrit des environs de Brioude, pour nous faire part de cette douloureuse nouvelle; nous retranchons seulement quelques mots de cette lettre :

CHARLES GARNIER.

« Chassaignes, le 24 juin.

« Monsieur,

« Le jour où vous écriviez à M. le baron de Croze, pour l'entretenir de ce qu'il a le plus aimé sur la terre : la vérité, la justice et le droit, Dieu rappelait à lui cet homme vénérable. Ses fils sont dans une telle désolation qu'ils m'ont chargé de vous apprendre cette douloureuse nouvelle.

« Vous connaissez la vie de mon oncle, Monsieur... Préfet de Digne en 1830, il n'abaissait le drapeau que devant la violence. Depuis trente-neuf ans, il n'a pas varié un seul jour dans ses immuables convictions. Il a fallu les malheurs de l'Eglise pour le faire sortir de sa retraite. « Je suis vieux, nous disait-il, je ne suis plus bon à rien, « tandis que notre grand Pie IX est indispensable en ce « moment. Mon ambition est d'obtenir du Saint-Père le « droit de me jeter entre lui et le poignard des révolu- « tionnaires. » Il obtint la faveur de se dévouer au Souverain Pontife, et fut nommé son camérier secret. A quatre-vingt-un ans encore, il y a deux ans à peine, il remplissait auprès du Pape ses fonctions de dévouement.

« Au reste, Monsieur, mon oncle n'a jamais aspiré à rien de bruyant ni d'éclatant, il a vécu en honnête homme, il est mort en chrétien et il laisse après lui la bonne odeur de toutes les vertus.

« Agréez, Monsieur, l'expression de mes sentiments les plus distingués.

« Comte ANATOLE LEMERCIER. »

L'UNIVERS, JOURNAL DE PARIS

Un vénérable octogénaire qui faisait honneur à la France catholique, M. le baron de Croze, vient de rendre sa belle âme à Dieu, après avoir donné, dans une longue carrière, l'exemple si rare aujourd'hui des vertus d'un grand chrétien. Les lecteurs de l'*Univers* apprendront peut-être avec intérêt quelques détails sur la vie et la mort de cet homme éminent. M. le baron de Croze, entré dans la vie publique sous le premier Empire, s'attacha ensuite à la dynastie des Bourbons, et lui est resté toujours fidèle. Jeune encore et ayant devant lui la perspective des dignités les plus élevées, il donna, en 1830, sa démission de préfet de Digne pour rester fidèle à ses convictions politiques, et vint renfermer sa vie dans son château de Chassaignes. Dans cette tranquille retraite, cette vie n'est pas restée inutile. Par l'autorité de son esprit, par la pratique ferme de la religion, par la sagesse de ses bons conseils, par sa charité inépuisable, qui savait découvrir la pauvreté timide et honteuse, M. de Croze exerçait un véritable apostolat et rayonnait dans le pays comme un astre bienfaisant.

Ses vertus chrétiennes, sa charité et son aménité lui gagnaient l'affection de toute la population des environs, en même temps que les plus brillantes qualités de l'esprit et du cœur lui méritaient les plus honorables amitiés. Nous pouvons, parmi les amis de cet homme de bien, citer les noms du cardinal de Villecourt, de Mgr Nardi, des RR. PP. Jandel, Félix, Ramière, et tant d'autres illustres, qui plus d'une fois sont venus visiter à Chassaignes cet homme distingué et en recevoir l'hospitalité la plus

gracieuse et la plus reconnaissante. A ces amitiés qui
honorent, est venue s'ajouter une amitié qui illustre :
celle du grand Pie IX... Ce n'était pas du dévouement et
de la vénération que M. de Croze avait pour Pie IX,
c'était une vraie dévotion. Pie IX, c'était l'idéal de cette
belle âme ; c'était le seul grand, le seul inébranlable au
milieu de toutes les défaillances et de toutes les félonies
de notre siècle. Aussi Pie IX, qui se connaît bien en
hommes, l'avait remarqué comme un fidèle, même entre
ses plus fidèles, et lui avait donné des marques particulières
d'amitié : il l'avait créé camérier secret, honneur dont il
était justement fier, et qui confondait son humilité.

Chaque danger que courait le Saint-Siége le trouvait
fidèle au poste de l'honneur et du dévouement. Plein
d'admiration pour la valeur des héroïques martyrs de
Castelfidardo et de Mentana, il déplorait que les glaces
de la vieillesse eussent diminué ses forces, mais elles
n'avaient pas refroidi son courage.

A plusieurs reprises, il s'est généreusement arraché à
la tendresse de sa noble famille, pour aller au secours de
son bien-aimé Pontife. La dernière fois qu'il partit pour
Rome, il avait quatre-vingts ans ; l'aventurier de Caprera
menaçait Rome des hauteurs de Monte-Rotondo, le choléra
faisait des victimes ; on voulait le retenir, mais comment
retenir ce chrétien dévoré du désir de donner son sang
pour Pie IX ? Un de ses amis, moins catholique que lui,
et ne comprenant pas la valeur morale de ce beau sacrifice,
lui disait en plaisantant que le Pape n'avait pas besoin de
pareils soldats :

« Je le sais, répondit-il avec dignité ; mais sachez,
« Monsieur, que le plus mauvais bouclier peut toujours
« parer un coup. »

Après tant d'exemples des plus belles vertus, qu'il serait

trop long de citer dans cette notice, Dieu lui réservait la grâce qu'il accorde aux amis de son cœur, la grâce de mourir saintement ; cette mort admirable fut le couronnement de sa belle vie. Pendant les deux années qu'il vécut depuis son retour de Rome, il n'eut qu'une seule préoccupation, celle de se préparer à bien mourir, aussi sa piété était encore plus ardente, son union avec Dieu plus intime et plus continuelle. Pendant les trois jours de sa courte maladie, il ne quitta pas un seul instant la présence de Dieu.

La Providence avait réuni autour de sa couche sa nombreuse famille : un seul membre, M. de Larnaye, y manquait. M. le comte Anatole Lemercier, son neveu, qui était venu le voir, devait, sans s'en douter, assister à ses funérailles, heureux néanmoins d'adoucir par sa présence et son affection la douleur de cette famille désolée. Quatre heures avant de mourir, quand le prêtre lui apporta le saint viatique, ce noble vieillard, que l'on croyait incapable de faire un mouvement, se leva subitement sur sa couche, et, comme le prêtre lui citait ce texte : *Credo, Domine, adjuva incredulitatem meam :* « Ah ! oui, s'est-il écrié d'une « voix forte, ah ! oui, je crois, mais donnez-moi la foi vive ; « oui, je crois et je ne serai point confondu. »

Après avoir reçu son Dieu dans ces sentiments, tout empreints de la piété la plus céleste, ce vénérable patriarche a embrassé avec effusion ses enfants et ses petits-enfants, les bénissant et les remerciant de toutes les consolations qu'ils lui avaient données ; il a demandé pardon à ses nombreux domestiques, qui témoignaient par leurs larmes et leurs sanglots que c'était plutôt un père qu'un maître qu'ils allaient perdre. Après cette scène touchante du dernier adieu, il s'est recueilli ; le sourire sur les lèvres, ses yeux sur son crucifix, son Dieu dans son cœur, sans secousse, sans agonie, il s'est paisiblement endormi... On croyait qu'il dormait, mais son âme était allée au Ciel, dans le sein du Dieu qu'il avait si bien servi et en qui il avait mis son espérance.

Le jour de ses obsèques fut pour lui un jour de triomphe : tout ce que les cantons de Paulhaguet, de Langeac et de Brioude comptaient de plus distingué, s'était fait un devoir de se rendre à Chassaignes, et chacun faisait l'éloge des vertus de cet homme de bien, dont la perte causera un grand vide dans notre pays.

Par une faveur toute particulière, Mgr l'Evêque du Puy, qui sait si bien apprécier le vrai mérite, avait permis qu'on prononçât, du haut de la chaire, l'oraison funèbre du généreux et vaillant chrétien. Ces expressions de Mgr Le Breton résument bien la vie de M. le baron de Croze : oui, il fut généreux envers les pauvres et envers l'illustre dépouillé du Vatican ; oui, il fut vaillant, car son plus grand désir fut de répandre son sang, comme l'ont répandu si généreusement les héroïques défenseurs du grand représentant du droit et de la justice !

L'abbé MIRMAND,
Vicaire à Paulhaguet.

L'INDÉPENDANT DE BRIOUDE

M. Alexandre-Jules de Croze est décédé à Chassaignes, près Paulhaguet, le 22 juin, dans sa quatre-vingt-troisième année. Il était né à Brioude en 1787 : son père avait rendu de grands services à ses compatriotes, en s'occupant activement de l'administration de notre ville ; aussi les suffrages de ses concitoyens l'envoyèrent-ils siéger au Conseil des Cinq-Cents. Quelques années plus tard, il était nommé sous-préfet de Brioude.

M. Alexandre-Jules de Croze, à l'exemple de son père, entra de bonne heure dans la carrière administrative, et fut successivement sous-préfet de Gênes et de Corbeil. La Révolution de 1830 le trouva préfet des Basses-Alpes. M. de Croze rentra alors dans la vie privée, et consacra au culte des lettres et des beaux-arts les loisirs que lui faisait une retraite prématurée. Dans ce siècle où les différents partis politiques ont eu si souvent à gémir après d'éclatantes défections, où les mêmes hommes ont prêté, sans hésiter, les serments les plus contradictoires, tour à tour royalistes, républicains ou bonapartistes, selon les vicissitudes de l'aveugle fortune, la mort d'un homme de bien, demeuré fidèle, jusque dans un âge avancé, à ses convictions, est en quelque sorte un deuil public, auquel doivent s'associer ceux-là même qui ne partagent point toutes nos opinions.

LA GAZETTE DE FRANCE

Nous avons appris avec un vif regret la mort de M. le baron de Croze, ancien préfet sous la Restauration, camérier secret de Sa Sainteté Pie IX, décédé, le 22 juin, dans son château de Chassaignes (Haute-Loire).

Des liens particuliers ont uni M. de Croze à la *Gazette de France*. Il avait été l'intime ami de MM. de Genoude et de Lourdoueix ; il écrivit souvent dans la feuille qu'ils dirigeaient, et les plus anciens de nos lecteurs n'ont pas oublié la verve spirituelle, l'ironie aimable et fine, l'inspiration élevée, qui distinguaient ses articles.

Auditeur au conseil d'Etat dès l'âge de vingt-un ans, sous-préfet de Gênes sous l'Empire, M. de Croze fut successivement sous-préfet de Corbeil et préfet des Basses-Alpes sous la Restauration. Il occupait ce dernier poste lorsque éclata la Révolution de juillet. Fidèle à ses convictions et à son serment, il renonça, malgré les offres les plus brillantes, à la carrière administrative ; il rentra dans la vie privée, ne se désintéressant jamais des destinées de son pays, les suivant avec une ardente et patriotique sollicitude, et donnant dans la retraite le noble et fortifiant spectacle d'une existence toute dévouée au droit, à l'honneur, à la religion.

Ce dévouement, M. de Croze le porta jusqu'à la passion, et, on peut le dire, jusqu'à l'héroïsme. Il aurait gaiement donné son sang pour sa cause. Lorsqu'on l'a vu, il y a quelques années, ému des épreuves du Saint-Siége, quitter sa famille, son foyer, pour traverser la mer et remplir auprès du Pape la charge dont Pie IX l'avait honoré, tous ses amis s'inquiétèrent en songeant à quelles fatigues ce vieillard de quatre-vingts ans allait s'exposer. Lui seul était tranquille et confiant, car il avait d'avance envisagé tous les périls, et il se fût estimé heureux de mourir pour sa foi.

Ce sont là des exemples qu'il faut admirer, à quelque opinion qu'on appartienne. Il n'y a que de grands cœurs pour inspirer de pareils actes.

Cette ardeur généreuse dont M. de Croze était rempli, respirait dans sa conversation ; elle animait ses entretiens politiques ; elle lui gagnait l'affection de ceux-là mêmes à qui il exprimait le plus vivement ses dissidences, car, derrière ces vivacités d'un instant, ils sentaient le cœur qui demeurait toujours.

Aussi la nouvelle de sa mort presque subite, quoique son grand âge ne donnât que trop sujet de la redouter, a-t-elle causé dans tout le pays environnant une profonde et triste impression. Une affluence nombreuse se pressait à ses obsèques; la population de Chassaignes y était tout entière, portant dans son attitude le deuil de son bienfaiteur. On se racontait les derniers moments du vénérable vieillard, se réveillant tout à coup dans la nuit du 22 juin pour annoncer sa mort prochaine, et, après avoir reçu les sacrements et béni sa famille désolée, rendant paisiblement son âme à Dieu. La douleur commune trouva de dignes interprètes dans les trois orateurs qui se firent successivement entendre du haut de la chaire : M. l'abbé Arnal, aumônier de la Visitation de Brioude, raconta, dans un pieux et touchant discours, la longue et belle carrière de M. de Croze; M. Jules Branche, ancien membre du conseil général, et M. Voisin, maire de Chassaignes, vinrent à leur tour, et au moment où sa dépouille mortelle allait être confiée à la terre, lui adresser, dans les termes les mieux sentis, un dernier adieu.

Chacun se disait que, pour la digne et vertueuse famille qu'il laisse toute pénétrée de ses exemples, c'était du moins une grande consolation que le souvenir d'une telle vie, et l'expression de ces regrets si sympathiques et si unanimes.

L'AUVERGNE, JOURNAL DE CLERMONT

M. le baron J. de Croze, décédé il y a quelques semaines en son château de Chassaignes, a donné pendant sa longue carrière de trop nobles exemples pour que sa mort ne soit pas regrettée par tous ceux qui honorent un homme de bien, et il a défendu trop vaillamment les principes qui sont les nôtres pour que nos amis ne ressentent pas, comme ils le doivent, la perte que nous venons de faire.

Descendant d'une famille dont le nom est intimement lié depuis plusieurs siècles à l'histoire de la ville de Brioude, M. de Croze reçut de ses ancêtres et de son père les traditions de fidélité et de patriotisme si respectées alors et si rares de nos jours. Après de brillantes études, il fut admis, à peine âgé de vingt-un ans, au Conseil d'Etat et appelé bientôt au poste difficile de sous-préfet de Gênes, où il sut attirer à sa personne les sympathies de tous ceux qui pleuraient la perte de leur nationalité et l'indépendance de leur pays.

L'arrivée des Bourbons rendant la France à elle-même combla les vœux les plus ardents de M. de Croze, et, comme son intelligence était à la hauteur de son dévouement, il fut appelé par le roi Louis XVIII à l'importante sous-préfecture de Corbeil, qu'il administra pendant plusieurs années.

La Révolution de 1830 le trouva préfet à Digne. Mais, comme M. de Croze n'appartenait, ni par tempérament ni par éducation, à cette classe d'hommes qui saluent tous les drapeaux, il garda son serment, brisa sa carrière et renonça à tous les avantages que pouvait lui garder la fortune dans l'avenir.

Marié à la fille du comte Lemercier, dont tous ceux qui ont eu l'honneur de la connaître ne sauraient oublier ni la distinction d'esprit, ni l'indulgence, ni les vertus, ni la piété, M. le baron de Croze trouva, dans les joies de la famille, un dédommagement au sacrifice qu'il avait fait à ses convictions, et se consacra dèslors, d'une façon plus particulière, aux soins qu'elle réclamait de lui.

Né aux approches de 89, M. de Croze était fortement trempé, comme l'était toute sa génération ; aussi ne pouvait-il comprendre ni les découragements ni les abdications et ne recula-t-il jamais devant un devoir à remplir, quelque pénible qu'il pût être.

Et aux derniers temps de sa carrière, il n'y a pas encore deux ans, n'a-t-il pas donné à tous le plus grand exemple ?

Honoré par Pie IX du titre de camérier secret de cape et d'épée, M. le baron de Croze ne consulta ni ses forces, ni son âge, lorsqu'il vit la personne du Pape elle-même menacée par les hommes de Garibaldi. Sans entendre les supplications de sa famille, sans écouter les conseils d'une prudence vulgaire, M. de Croze se rendit à Rome au mois de septembre 1867, et fut au Vatican prendre sa part de toutes les fatigues et de tous les dangers.

En ce moment, il avait retrouvé les forces de la jeunesse dont il n'avait jamais perdu l'enthousiasme ; il allait, couronné de ses cheveux blancs, encourager par l'exemple tous les défenseurs de Pie IX, et on peut dire qu'alors il fut tout entier à tous les dangers.

De retour en France, M. de Croze prit soin de se dérober aux éloges qu'il méritait, il regagna sa chère habitation de Chassaignes, pour lui toujours si pleine de regrets, et continua, comme il le faisait depuis de si longues années, à partager son temps entre son église et les pauvres.

Il voyait venir la mort sans regrets, et son unique souci était de préparer les siens à cette séparation si pénible pour ceux dont il était non-seulement le chef mais encore l'exemple.

Dans les environs du château qu'il habitait, le deuil fut général lorsqu'on apprit la mort de M. de Croze, et chacun de ses voisins voulut lui rendre les derniers honneurs. Aussi l'église de sa paroisse était-elle trop petite pour contenir la foule de ceux dont il avait été l'ami ou le bienfaiteur.

D'autres voix plus autorisées que la nôtre ont retracé la vie de M. le baron de Croze et loué ses vertus ; mais l'*Auvergne* lui doit un tribut de regrets plus particulier et d'autant plus vif qu'il fut avec nous dès le commencement et qu'il ne cessa jamais de nous donner tous les encouragements en son pouvoir.

MENEBOODE.